Key Stage 2 Maths

WORKBOOK 2

Numerical Reasoning Technique

Dr Stephen C Curran
with Katrina MacKay

Edited by Andrea Richardson

This book belongs to

Accelerated Education Publications Ltd

Contents

4. Multiplication   Pages

1. Multiplication Terms   3
2. Times Tables   4-6
3. Multiplication Squares   6-8
4. Multiplying by Tens   8-9
5. Short Multiplication   9-17
6. Long Multiplication   17-29
7. Multiplication in Words   30-31
8. Problem Solving   31-32
9. Mixed Exercises   33-35

5. Division

1. Division Terms   36-37
2. Short Division   37-46
3. Dividing by Tens   46-47
4. Long Division   47-57
5. Division in Words   58-59
6. Inverse Operations   59-60
7. Problem Solving   60-62
8. Mixed Exercises   63-66

Chapter Four
MULTIPLICATION
1. Multiplication Terms

Multiplication is the process of increasing the same number a given amount of times; it is a form of repeated addition. It can also be called scaling. There are two ladders below, one is twice as high as the other.

The first ladder has **5** rungs and the second has **10** rungs. This means the second ladder has been scaled up and is two times as high.

The following terminology applies to all multiplication calculations:

- The number being multiplied is the **multiplicand**.
- The multiplying number is the **multiplier**.
- The number obtained is the **product**.

$$\begin{array}{r} 12 \\ 9 \times \\ \hline 108 \end{array}$$

12 ← Multiplicand
9 × ← Multiplier
108 ← Product

Number sentences use mathematical symbols.
× is the symbol for 'multiply'.

Multiplication is a commutative calculation. This means it will give the same answer when written either way around:

$3 \times 2 = 6$ is the same as $2 \times 3 = 6$

2. Times Tables

Learning multiplication tables (or **Times Tables**) up to 12x is essential for mathematical calculations.

Here is reminder of all the tables up to **12**.

2× Table	3× Table	4× Table	5× Table
0 × 2 = 0	0 × 3 = 0	0 × 4 = 0	0 × 5 = 0
1 × 2 = 2	1 × 3 = 3	1 × 4 = 4	1 × 5 = 5
2 × 2 = 4	2 × 3 = 6	2 × 4 = 8	2 × 5 = 10
3 × 2 = 6	3 × 3 = 9	3 × 4 = 12	3 × 5 = 15
4 × 2 = 8	4 × 3 = 12	4 × 4 = 16	4 × 5 = 20
5 × 2 = 10	5 × 3 = 15	5 × 4 = 20	5 × 5 = 25
6 × 2 = 12	6 × 3 = 18	6 × 4 = 24	6 × 5 = 30
7 × 2 = 14	7 × 3 = 21	7 × 4 = 28	7 × 5 = 35
8 × 2 = 16	8 × 3 = 24	8 × 4 = 32	8 × 5 = 40
9 × 2 = 18	9 × 3 = 27	9 × 4 = 36	9 × 5 = 45
10 × 2 = 20	10 × 3 = 30	10 × 4 = 40	10 × 5 = 50
11 × 2 = 22	11 × 3 = 33	11 × 4 = 44	11 × 5 = 55
12 × 2 = 24	12 × 3 = 36	12 × 4 = 48	12 × 5 = 60

6× Table	7× Table	8× Table	9× Table
0 × 6 = 0	0 × 7 = 0	0 × 8 = 0	0 × 9 = 0
1 × 6 = 6	1 × 7 = 7	1 × 8 = 8	1 × 9 = 9
2 × 6 = 12	2 × 7 = 14	2 × 8 = 16	2 × 9 = 18
3 × 6 = 18	3 × 7 = 21	3 × 8 = 24	3 × 9 = 27
4 × 6 = 24	4 × 7 = 28	4 × 8 = 32	4 × 9 = 36
5 × 6 = 30	5 × 7 = 35	5 × 8 = 40	5 × 9 = 45
6 × 6 = 36	6 × 7 = 42	6 × 8 = 48	6 × 9 = 54
7 × 6 = 42	7 × 7 = 49	7 × 8 = 56	7 × 9 = 63
8 × 6 = 48	8 × 7 = 56	8 × 8 = 64	8 × 9 = 72
9 × 6 = 54	9 × 7 = 63	9 × 8 = 72	9 × 9 = 81
10 × 6 = 60	10 × 7 = 70	10 × 8 = 80	10 × 9 = 90
11 × 6 = 66	11 × 7 = 77	11 × 8 = 88	11 × 9 = 99
12 × 6 = 72	12 × 7 = 84	12 × 8 = 96	12 × 9 = 108

© 2016 Stephen Curran

10× Table	**11× Table**	**12× Table**
0 × 10 = 0	0 × 11 = 0	0 × 12 = 0
1 × 10 = 10	1 × 11 = 11	1 × 12 = 12
2 × 10 = 20	2 × 11 = 22	2 × 12 = 24
3 × 10 = 30	3 × 11 = 33	3 × 12 = 36
4 × 10 = 40	4 × 11 = 44	4 × 12 = 48
5 × 10 = 50	5 × 11 = 55	5 × 12 = 60
6 × 10 = 60	6 × 11 = 66	6 × 12 = 72
7 × 10 = 70	7 × 11 = 77	7 × 12 = 84
8 × 10 = 80	8 × 11 = 88	8 × 12 = 96
9 × 10 = 90	9 × 11 = 99	9 × 12 = 108
10 × 10 = 100	10 × 11 = 110	10 × 12 = 120
11 × 10 = 110	11 × 11 = 121	11 × 12 = 132
12 × 10 = 120	12 × 11 = 132	12 × 12 = 144

Example: What is 8×7?

This calculation can be solved by using either the **7** or **8** times table. Refer to the tables charts if necessary.

$$8 \times 7 = 56$$
$$7 \times 8 = 56$$

Answer: **56**

Exercise 4: 1   Calculate the following:

Score

1) $6 \times 7 =$ _____

2) $11 \times 12 =$ _____

3) $7 \times 9 =$ _____

4) $4 \times 10 =$ _____

5) $0 \times 11 =$ _____

6) $8 \times 7 =$ _____

7) $6 \times 6 =$ _____

8) $5 \times 2 =$ _____

9) $7 \times 7 =$ _____

10) $9 \times 8 =$ _____

Knowing the times tables by heart makes it possible to easily fill in missing numbers in number sentences.

Exercise 4: 2   Calculate the following:

Score

1) $5 \times \underline{} = 60$

2) $9 \times 9 = \underline{}$

3) $\underline{} \times 11 = 121$

4) $8 \times \underline{} = 64$

5) $4 \times \underline{} = 28$

6) $10 \times 10 = \underline{}$

7) $\underline{} \times 12 = 84$

8) $6 \times 4 = \underline{}$

9) $\underline{} \times 3 = 0$

10) $12 \times \underline{} = 144$

3. Multiplication Squares

Multiplication Squares (Times Tables Boxes) are useful for reinforcing times tables knowledge. Filling in the boxes will aid the learning of times tables in a random manner.

Example: Fill in the times tables box.

×	5	6	7	8	9
5					
6					

To fill in the box the first number in the first row is multiplied by the first number in the first column.

This would be $5 \times 5 = 25$.

This step is then repeated along all of the columns and rows, for example, **9 × 6 = 54**.

×	5	6	7	8	9
5	25				
6					54

The completed box below shows part of the **5×** and **6×** tables.

×	5	6	7	8	9
5	25	30	35	40	45
6	30	36	42	48	54

Exercise 4: 3

Complete the multiplication square:

Score

×	2	3	4	5	6	7	8	9	10	11	12
2	4	6	8	10	12	14	16	18	20	22	24
1) 3											
2) 4											
3) 5											
4) 6											
5) 7											
6) 8											
7) 9											
8) 10											
9) 11											
10) 12											

Exercise 4: 4 Complete the multiplication square:

Score

×	5	2	11	4	9	12	8	3	10	7	6
2	10	4	22	8	18	24	16	6	20	14	12
1) 5											
2) 10											
3) 6											
4) 8											
5) 3											
6) 11											
7) 9											
8) 7											
9) 4											
10) 12											

4. Multiplying by Tens

Multiplying by multiples of **10** is very easy to do.

To multiply by **10**, put one **zero (0)** on the end.

$2 \times 10 = 20$

To multiply by **100**, put two **zeros (00)** on the end.

$2 \times 100 = 200$

To multiply by **1,000**, put three **zeros (000)** on the end.

$2 \times 1{,}000 = 2{,}000$

Example: Calculate 45×100.

Count the number of **zeros** on the multiplier (multiplying number) and put the same number of **zeros** on the muliplicand (number to be multiplied).

45 with two **zeros** put on will become **4,500**.

$$45 \times 100 = 4{,}500$$

Answer: **4,500**

Exercise 4: 5 Calculate the following:

1) $36 \times 10 = $ _____
2) $98 \times 10 = $ _____
3) $160 \times 10 = $ _____
4) $77 \times 100 = $ _____
5) $82 \times 100 = $ _____
6) $387 \times 100 = $ _____
7) $47 \times 1{,}000 = $ _____
8) $52 \times 1{,}000 = $ _____
9) $669 \times 1{,}000 = $ _____
10) $1{,}000 \times 1{,}000 = $ _____

5. Short Multiplication

Multiplication can be shown horizontally or in a linear format, for example:

T O   T   T O
$12 \times 3 = 36$

```
 T O
 1 2
 3 ×
———
 3 6
```

For calculation purposes it is normally shown in vertical or column format.

There are two main methods for short multiplication:
- Expanded Short Multiplication
- Standard Short Multiplication

a. Expanded Short Multiplication

 **Expanded Short Multiplication** involves multiplying each column individually and then totalling the answers, without the need to carry.

It is useful to know this technique, but standard short multiplication is a more efficient method and will be explained later.

Example: Calculate 632×7.

Step 1 - Multiply the ones column.

  2 ones × **7** ones = **14** ones

  This is **1** ten and **4** ones.

```
  H T O
  6 3 2
      7 ×
  -----
    1 4
```

Step 2 - Multiply the tens column.

  3 tens × **7** ones = **21** tens

  This is the same as **210** ones, so place a **zero** in the ones column.

```
  H T O
  6 3 2
      7 ×
  -----
    1 4
  2 1 0
```

Step 3 - Multiply the hundreds column.

  6 hundreds × **7** ones = **42** hundreds

  This is the same as **4,200** ones, so place **zeros** in the tens and ones columns.

```
  Th H T O
     6 3 2
         7 ×
  -------
       1 4
     2 1 0
   4 2 0 0
```

Step 4 - Add the answers together.

14 + 210 + 4,200 = 4,424

Answer: **4,424**

```
Th H T O
   6 3 2
       7 ×
   ─────
      14
     210
    4200
   ─────
    4424
```

Exercise 4: 6   Calculate the following:

Score

1) **7 5 3**
       4 ×
   ───
     12
   200
   2800
   ───

2) **9 6 4**
       7 ×
   ───
     28
   420
   6300
   ───

3) **7 7 1**
       3 ×
   ───
      3
   210
   ───

4) **4 9 5**
       6 ×
   ───
     30

5) **5 8 9**
       2 ×

6) **8 4 5**
       5 ×

7) **1 9 8**
       7 ×

8) **2 6 3**
       9 ×

9) **3 6 4**
       8 ×

10) **6 6 3**
        6 ×

© 2016 Stephen Curran

b. Standard Short Multiplication

Standard Short Multiplication involves multiplying each column individually, carrying the hundreds and tens and writing the answers on one line.

This is the most commonly used method as it is quicker.

(i) Two-digit Column Multiplication

Example: Calculate **68 × 4**.

Step 1 - Multiply the ones column by the multiplier.

$8 \times 4 = 32$ ones

This is split into **2** ones and **3** tens, which are carried.

```
  T O
  6 8
    4 ×
  ─────
    2
  ─────
    3
```

Step 2 - Multiply the tens column by the multiplier.

$6 \times 4 = 24$ tens

Add the **3** carried tens to give **27** tens. This is split into **7** tens and **2** hundreds, which are carried.

```
H T O
  6 8
    4 ×
  ─────
  7 2
  ─────
  2 3
```

Step 3 - As there are no hundreds to multiply, the **2** carried hundreds are moved into the hundreds answer column.

```
H T O
  6 8
    4 ×
  ─────
  2 7 2
  ─────
    2 3
```

Answer: **272**

Exercise 4: 7 Calculate the following:

1) 27
   4 ×
   ─────

2) 18
   7 ×
   ─────

3) 33
   8 ×
   ─────

4) 49
   3 ×
   ─────

5) 6 8
   2 ×
   ___
   ___

6) 9 9
   6 ×
   ___
   ___

7) 5 6
   9 ×
   ___
   ___

8) 7 2
   8 ×
   ___
   ___

9) 1 4
   7 ×
   ___
   ___

10) 8 3
    9 ×
    ___
    ___

Score

(ii) Three-digit Column Multiplication

Example: Calculate **313 × 7**.

Step 1 - Multiply the ones column by the multiplier.

$3 \times 7 = 21$ ones

This is split into **1** one and **2** tens, which are carried.

```
  H T O
  3 1 3
      7 ×
  _____
      1
    2
```

Step 2 - Multiply the tens column by the multiplier.

$1 \times 7 = 7$ tens

Add the **2** carried tens to give **9** tens.

```
  H T O
  3 1 3
      7 ×
  _____
    9 1
    2
```

Step 3 - Multiply the hundreds column by the multiplier.

$3 \times 7 = 21$ hundreds

Place the carried **2** into the thousands column as there is nothing more to multiply.

```
Th H T O
   3 1 3
       7 ×
   _____
   2 1 9 1
   2   2
```

Answer: **2,191**

Exercise 4: 8 Calculate the following:
Score

1) 378
   6 ×
   ―――

2) 263
   2 ×
   ―――

3) 976
   4 ×
   ―――

4) 257
   7 ×
   ―――

5) 143
   9 ×
   ―――

6) 728
   3 ×
   ―――

7) 584
   8 ×
   ―――

8) 887
   5 ×
   ―――

9) 695
   6 ×
   ―――

10) 455
    2 ×
    ―――

(iii) Four-digit Column Multiplication

Example: Calculate **6,521 × 4**.

Step 1 - Multiply the ones column by the multiplier.

$1 \times 4 = 4$ ones

Th H T O
6 5 2 1
   4 ×
―――――
     8 4

Step 2 - Multiply the tens column by the multiplier.

$2 \times 4 = 8$ tens

Step 3 - Multiply the hundreds column by the multiplier.

$5 \times 4 = 20$ hundreds

Carry **2** hundreds into the thousands column.

Th H T O
6 5 2 1
   4 ×
―――――
0 8 4
  2

14 © 2016 Stephen Curran

Step 4 - Multiply the thousands column by the multiplier.

6 × 4 = 24 thousands

Add the **2** carried thousands to give **26** thousands. Place the **2** into the ten thousands column as there is nothing more to multiply.

```
Th H T O
 6 5 2 1
       4 ×
2 6 0 8 4
   2 2
```

Answer: **26,084**

Exercise 4: 9   Calculate the following:

1) 1058
      3 ×
   _____
   _____

2) 6771
      4 ×
   _____
   _____

3) 2378
      7 ×
   _____
   _____

4) 7939
      8 ×
   _____
   _____

5) 9617
      5 ×
   _____
   _____

6) 4893
      2 ×
   _____
   _____

7) 5206
      6 ×
   _____
   _____

8) 3659
      7 ×
   _____
   _____

9) 8767
      9 ×
   _____
   _____

10) 5018
       4 ×
    _____
    _____

Score

(iv) Missing Number Multiplication

Sometimes digits are left out of calculations, but the same method is used.

Example: Fill in the missing digit.

```
  5 □ 4
      3 ×
  ─────
  1 5 7 2
```

Step 1 - 4 × 3 = 12

The digit **1** is carried into the tens column.

```
  5 □ 4
      3 ×
  ─────
  1 5 7 2
        1
```

Step 2 - ? × 3 = 6 + **carried 1**

The missing digit must be **2**, because 2 × 3 = 6 + 1 = 7

```
  5 2 4
      3 ×
  ─────
  1 5 7 2
        1
```

Answer: **2**

Exercise 4: 10 Calculate the following:

1)
```
    3 6
      4 ×
  ─────
  1 4 □
```

2)
```
    5 8
      7 ×
  ─────
  4 0 □
```

3)
```
    4 1
      □ ×
  ─────
    8 2
```

4)
```
    1 4
      9 ×
  ─────
  □ 2 6
```

5)
```
    8 6
      □ ×
  ─────
  4 3 0
```

6)
```
  1 6 2
      8 ×
  ─────
  1 2 9 □
```

7) ☐79
   3 ×
   ───
   837

8) 223
   6 ×
   ───
   13☐8

9) 107
   4 ×
   ───
   ☐28

10) 195
    7 ×
    ───
    13☐5

Score

6. Long Multiplication

Long Multiplication is used when the multiplier is two digits or more.

For example:

Multiplicand   Multiplier   Product

$254 \times \boxed{12} = 3{,}048$

There are a variety of methods for long multiplication:
- Partitioning
- Box Method
- Expanded Long Multiplication
- Two-step Long Multiplication
- Standard Long Multiplication

a. Partitioning

Partitioning means to break up numbers into smaller parts, making calculations easier. For example, **35** can be partitioned into **30** and **5** (**3** tens and **5** ones).

It can be applied to one or both numbers in a calculation.

When partitioning for multiplication, only partition the multiplicand.

Example: Calculate 15×14.

Step 1 - Split the multiplicand: **15** is **1** ten and **5** ones.

Step 2 - Multiply the ten: $\mathbf{10 \times 14 = 140}$

Step 3 - Multiply the ones: $\mathbf{5 \times 14 = 70}$

Step 4 - Add the answers together: $\mathbf{140 + 70 = 210}$

This can be shown diagrammatically in two ways.

Firstly on a number line:

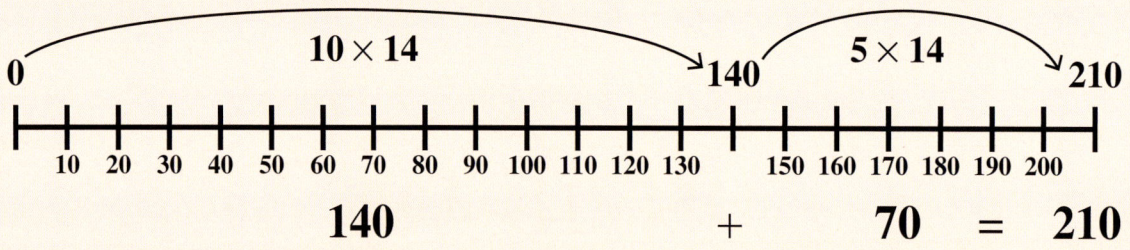

$$140 \quad + \quad 70 \quad = \quad 210$$

Secondly as a grid:

The multiplicand is partitioned on the grid.

The number is split into units, **10** and **5** units is **15**.

Follow the same steps as before.

Answer: **210**

Exercise 4: 11a Calculate the following:

Score

1) **16** × **97**

 16 = [__10__ & __6__]

 __10__ × __97__ = __970__

 __6__ × __97__ = __582__

 __970__ + __582__ = _____

2) **14** × **29**

 14 = [__10__ & __4__]

 __10__ × __29__ = _____

 __4__ × __29__ = ____

 _____ + ____ = _____

3) **15** × **32**

 15 = [____ & ____]

 ____ × __32__ = _____

 ____ × __32__ = ____

 _____ + ____ = _____

4) **18** × **13**

 18 = [____ & ____]

 ____ × ____ = _____

 ____ × ____ = ____

 _____ + ____ = _____

5) **13** × **42**

 13 = [____ & ____]

 ____ × ____ = _____

 ____ × ____ = ____

 _____ + ____ = _____

6) **19** × **55**

 19 = [____ & ____]

 ____ × ____ = _____

 ____ × ____ = ____

 _____ + ____ = _____

Example: Calculate **24 × 32**.

Step 1 - Split the multiplicand: **24** is **2** tens and **4** ones.

Step 2 - Multiply the tens:
   First multiply by **10**: **10 × 32 = 320**
   Then multiply by **2**: **320 × 2 = 640**

Step 3 - Multiply the ones: **4 × 32 = 128**

Step 4 - Add the answers together: **640 + 128 = 768**

Answer: **768**

Exercise 4: 11b Calculate the following:

7) **25 × 31**

   25 = [_20_ & _5_]

   _20_ × _31_ = _____

   _5_ × _31_ = ____

   _____ + ____ = _____

8) **28 × 22**

   28 = [____ & ____]

   ___ × ___ = _____

   ___ × ___ = ____

   _____ + ____ = _____

9) **33 × 29**

   33 = [____ & ____]

   ___ × ___ = _____

   ___ × ___ = _____

   _____ + ____ = _____

10) **41 × 17**

   41 = [____ & ____]

   ___ × ___ = _____

   ___ × ___ = _____

   _____ + ____ = _____

b. Box Method Multiplication

Box Method Multiplication is another way of multiplying by partitioning. In this method both the multiplier and the multiplicand are partitioned and displayed on a grid.

Example: Calculate **162 × 14**.

Step 1 - Draw a box 3 squares by 2 squares (this is a 3-digit by 2-digit sum).

Partition the numbers into their hundreds, tens and ones along the top and down the side.

	100	60	2
10			
4			

$162 = 100 + 60 + 2$
$14 = 10 + 4$

Step 2 - Complete the grid by multiplying the numbers at the top by the numbers at the side, e.g. **100 × 10 = 1,000**

	100	60	2
10	1000	600	20
4	400	240	8

Step 3 - Take the products from the box and add them together.

```
   1 0 0 0
     6 0 0
     4 0 0
     2 4 0
       2 0
         8 +
   ───────
   2 2 6 8
```

Answer: **2,268**

Exercise 4: 12   Calculate the following:

1) Multiply **78** and **53**.

	70	**8**
50		
3		

The answer is _____ .

2) Multiply **51** by **89**.

	50	**1**
80		
9		

The answer is _____ .

3) Multiply **477** by **88**.

	400	**70**	**7**
80			
8			

The answer is _____ .

4) Multiply **934** and **72**.

	900	**30**	**4**
70			
2			

The answer is _____ .

5) 16×25

The answer is _____ .

6) 263×57

The answer is _____ .

Calculate using box method multiplication:

7) $68 \times 92 =$ _____

8) $601 \times 28 =$ _____

9) $57 \times 43 =$ _____

10) $778 \times 33 =$ _____

c. Expanded Long Multiplication

Expanded Long Multiplication can also be used for long muliplication calculations.

Example: Calculate **54 × 16**.

The multiplicand is multiplied by each digit of the multiplier separately, beginning with the ones.

Step 1 - Multiply the top row units column.
   4 ones × **6** ones = **24** ones
   This is **2** tens and **4** ones.

```
 T O
 5 4
 1 6 ×
-----
 2 4
```

Step 2 - Multiply the top row tens column.
   5 tens × **6** ones = **30** tens
   This is **3** hundreds, so place **zeros** in the tens and ones columns.

```
H T O
  5 4
  1 6 ×
------
  2 4
3 0 0
```

Step 3 - Multiply the top row ones column by the tens.
   4 ones × **1** ten = **4** tens
   This is **4** tens and **0** ones.

```
H T O
  5 4
  1 6 ×
------
  2 4
3 0 0
  4 0
```

Step 4 - Multiply the top row tens column by the tens.

    5 tens × **1** ten = **5** hundreds

```
 H T O
   5 4
   1 6 ×
  ─────
   2 4
 3 0 0
    4 0
 5 0 0
```

Step 5 - Add the answers together.

    24 + 300 + 40 + 500 = 864

```
 H T O
   5 4
   1 6 ×
  ─────
   2 4
 3 0 0
    4 0
 5 0 0
  ─────
 8 6 4
```

Answer: **864**

Exercise 4: 13   Calculate the following:

1) **5 6**
   9 5 ×

2) **9 3**
   1 4 ×

3) **8 1**
   2 9 ×

4) **7 4**
   4 6 ×

```
5)  3 5      6)  5 7      7)  8 4      8)  9 3
    2 8 ×        2 4 ×        2 1 ×        6 9 ×
   ------       ------       ------       ------
   ------       ------       ------       ------
   ------       ------       ------       ------
   _____       _____       _____       _____
   _____       _____       _____       _____


9)  6 8     10)  5 9
    8 6 ×        2 6 ×
   ------       ------
   ------       ------
   ------       ------
   _____       _____
   _____       _____
```

Score

d. Two-step Long Multiplication

Two-step Long Multiplication involves doing two separate calculations. The multiplier is broken down into tens and ones. The ones are multiplied first followed by the tens.

Example: Multiply **287** by **25**.

Step 1 - Split the multiplier into tens and ones.
25 is **2** tens and **5** ones.

Step 2 - Multiply **287** by the **5** ones as in short multiplication.

```
Th H T O
   2 8 7
       5 ×
─────────
   1 4 3 5
   1 4 3
```

Step 3 - Multiply **287** by the **two** tens (or **20** ones). Place a **0** in the ones column in order to multiply by **2**.

```
Th H T O
   2 8 7
      2 0 ×
─────────
   5 7 4 0
     1 1
```

Step 4 - Add the two results together to find the answer.

```
Th H T O
   5 7 4 0
   1 4 3 5 +
─────────
   7 1 7 5
     1
```

Answer: **7,175**

Exercise 4: 14   Calculate the following:

Score

1) **798** × **97** = _____

```
   798          798
    90 ×          7 ×
  _____        _____
         +
  _____
```

2) **259** × **54** = _____

```
   259          259
    50 ×          4 ×
  _____        _____
         +
  _____
```

3) **504** × **71** = _____   4) **927** × **67** = _____

   ___ ×   ___ ×   ___ ×   ___ ×
   ___ + ___   ___ + ___

5) **148** × **53** = _____   6) **867** × **62** = _____

   ___ ×   ___ ×   ___ ×   ___ ×
   ___ + ___   ___ + ___

7) **849** × **18** = _____   8) **593** × **29** = _____

   ___ ×   ___ ×   ___ ×   ___ ×
   ___ + ___   ___ + ___

9) **7,887** × **35** = _____   10) **1,753** × **86** = _____

   ___ ×   ___ ×   ___ ×   ___ ×
   ___ + ___   ___ + ___

e. Standard Long Multiplication

Standard Long Multiplication (or the traditional method) uses the same process as the two-step method, but the two calculations are combined.

Example: Multiply **197** by **34**.

Step 1 - Multiply **197** by **4** ones.
This is short multiplication.

197 × 4 units = **788**

```
    H T O
    1 9 7
      3 4 ×
    ─────
    7 8 8
    3 2
```

Step 2 - Start a new line to multiply by the tens.

There are **3** tens (or **30** ones) in the multiplier.

Place a **0** in the ones column in order to multiply by **3**.

```
    H T O
    1 9 7
    [3]4 ×
    ─────
    7 8 8
        0
```

Step 3 - Multiply **197** by **3** tens.

197 × 3 tens = **5,910**

```
  Th H T O
     1 9 7
       3 4 ×
     ──────
     7 8 8
   5 9 1 0
     2 2
```

28 © 2016 Stephen Curran

Step 4 - Add the answers.

788 + 5,910 = 6,698

Answer: **6,698**

```
Th  H  T  O
    1  9  7
       3  4 ×
    ─────────
    7  8  8
    ─ ─ ─ ─
+ 5  9  1  0
    ─────────
  6  6  9  8
    ─────────
          1
```

Exercise 4: 15   Calculate the following:
Score

1) 9 3 6
     2 9 ×
    ─────
    ─ ─ ─ ─ +
    ─────
    ─────

2) 3 4 7
     6 8 ×
    ─────
    ─ ─ ─ ─ +
    ─────
    ─────

3) 2 8 9
     4 9 ×
    ─────
    ─ ─ ─ ─ +
    ─────
    ─────

4) 2 1 4
     5 9 ×
    ─────
    ─ ─ ─ ─ +
    ─────
    ─────

5) 4 9 7
     1 4 ×
    ─────
    ─ ─ ─ ─ +
    ─────
    ─────

6) 2 5 6
     3 9 ×
    ─────
    ─ ─ ─ ─ +
    ─────
    ─────

7) 7 9 1
     4 2 ×
    ─────
    ─ ─ ─ ─ +
    ─────
    ─────

8) 1 9 6
     3 7 ×
    ─────
    ─ ─ ─ ─ +
    ─────
    ─────

9) 2 6 8 8
       5 2 ×
    ───────
    ─ ─ ─ ─ ─ +
    ───────
    ───────

10) 3 4 8 1
       9 7 ×
    ───────
    ─ ─ ─ ─ ─ +
    ───────
    ───────

7. Multiplication in Words

There are many different terms for multiplication. Here is a list of the most commonly used terms:

- Find the product of
- Scale up by
- Repeated Addition
- Multiply
- Times
- Number of sets/groups/lots of
- Double (multiply by **2**)
- Treble/Triple (multiply by **3**)
- Quadruple (multiply by **4**)
- **7 × 3** can be written as **7 threes**

Example: Find the product of **two hundred and thirty-five** and **nineteen**.

Convert the words into a number sentence. 'Find the product' is the same thing as using the × sign between the numbers.

The number sentence is **235 × 19**. It is best to solve this multiplication using standard long multiplication.

```
    2 3 5
    1 9 ×
   ------
    2 1 1 5
   ³ ⁴
    2 3 5 0
   ------
    4 4 6 5
```

Answer: **4,465**

Exercise 4: 16 Answer the following:

1) Scale up **seven thousand, three hundred and eighty-four** by **eight**. _____

2) Triple **five hundred and sixty-nine**. _____

3) Find the product of **fifty-seven** and **eighteen**. _____

4) Quadruple **three thousand, seven hundred and forty-four**. _____

5) Times **eighty-nine** by **ninety**. _____

6) Multiply **twenty-one** by **forty-eight**. _____

7) What is **fourteen** lots of **seventy-three**? _____

8) What is **thirty-eight** multiplied by **ninety-one**? _____

9) Double **six thousand, three hundred and twenty-one**. _____

10) What is **four thousand, seven hundred and sixty-eight** times **five**? _____

8. Problem Solving

Example: There are **14** cakes in a packet. Emma bought **22** packets for her birthday. If **192** cakes were eaten, how many were left over?

Step 1 - Multiply to find the total number of cakes. Convert the problem into a number sentence:

22 × 14 = 308

```
  2 2
  1 4 ×
-----
  8 8
2 2 0
-----
3 0 8
  1
```

Step 2 - Subtract to find the left over cakes. The number sentence is:

308 − 192 = 116

```
  ²3̷⁰¹8
  1 9 2 −
-------
  1 1 6
```

Answer: **116 cakes**

Exercise 4: 17   Answer the following:

1) In a theatre, there are **26** rows of **32** balcony seats, **14** rows of **28** circle seats and **20** rows of **16** seats in the stalls. How many seats are there in total? _____

2) A show has **one** performance every day for **fourteen** days. There are **114** seats for each show. Over the **14** days **206** seats are empty. How many people watch the performance over the fourteen days? _____

3) There are **48** pages in a book. There are **7** books in a pack. How many pages are there altogether? _____

4) A pack of marbles contains **126** marbles. Areeba buys **12** packs. How many marbles does she have altogether? _____

5) There are **36** biscuits in a pack. Keerat buys a double pack and eats **8**. How many biscuits are left? _____

6) There are **eighteen** species of animals on a farm. **Six** species have **thirteen** animals each. **Seven** species have **five** animals each and the rest have **twenty-one** each. How many animals are there in total? _____

7) There are **four** classes of **32** children, **three** classes of **28** and **one** class of **30** going on a school trip. How many children are there altogether? _____

8) A shop buys **28** crates of tins for the shelves. There are **56** tins in each crate. How many tins are there altogether? _____

9) A company holds **4** training sessions per day. There are **218** places at each session. How many employees can attend a session in total each day? _____

10) An English teacher sets her class of **13** an essay of **3,000** words. Five essays are each **25** words under. How many words are written in total? _____

Score

9. Mixed Exercises
a. Number Sentences

Exercise 4: 18   Calculate the following: Score

×	3	7	9	11	12
6					
8					

1) 12 × 12 = _____   3) 6
2) 11 × 11 = _____   4) 8

5) 59 × 10 = _____   6) 78 × 100 = _____

7) 52 × 4   8) 61 × 3   9) 103 × 2   10) 710 × 8

```
   5 2
   4 ×           ×           ×           ×
  ____         ____        ____        ____

  ____         ____        ____        ____
```

b. Short Multiplication

Exercise 4: 19   Calculate the following: Score

1) 3 6 5   2) 2 1 9   3) 8 0 4
   4 ×   7 ×   8 ×
  _____   _____   _____
     20
    240
   1200
  _____   _____   _____

4) 3 7   5) 2 8 1   6) 4 0 6 2
   6 ×   9 ×   7 ×
  _____   _____   _____

  _____   _____   _____

7)
```
    7 9
    □ ×
  ─────
  3 1 6
```

8)
```
    2 □
    5 ×
  ─────
  1 4 0
```

9) Scale up **three thousand, seven hundred and two** by **six**. _____

10) Find the product of **four thousand, eight hundred and nineteen** and **five**. _____

c. Long Multiplication

Exercise 4: 20   Calculate the following: Score

1) 15×46

   15 = [_10_ & _5_]
   _10_ × _46_ = ____
   _5_ × _46_ = ____
   ____ + ____ = ____

2) 17×39

   17 = [____ & ____]
   ___ × ___ = _____
   ___ × ___ = ____
   ____ + ____ = _____

3) 14×28

   14 = [____ & ____]
   ___ × ___ = _____
   ___ × ___ = ____
   ____ + ____ = ____

4) $325 \times 41 = $ _____

5) $269 \times 14 = $ _____

6) $718 \times 57 = $ _____

7) 36
   29 ×

   54

   270

   120

   600

   _____

8) 96
   51 ×

   _____

9) 216 × 34 = _____

   216   216
    30 ×   4 ×
   ------   ------
   _____   +   _____

10) 508 × 72 = _____

   _____ ×   _____ ×
   _____   +   _____

d. Standard Long Multiplication

Exercise 4: 21   Calculate the following:
Score

1) 78
    47 ×

    ----+
    _____
    _____

2) 276
     43 ×

    -----+
    _____
    _____

3) 815
     29 ×

    -----+
    _____
    _____

4) 409
     68 ×

    -----+
    _____
    _____

5) 301
     57 ×

    -----+
    _____
    _____

6) 391
     54 ×

    -----+
    _____
    _____

7) 3598
      25 ×

    ------+
    _____
    _____

8) 4056
      19 ×

    ------+
    _____
    _____

9) In a school there are **28** classes of **25** children. If there are **364** girls in the school, how many boys are there? _____

10) In a set of **twelve** books, **eight** have **364** pages and the rest have **548** pages. How many pages are there in total? _____

Chapter Five
DIVISION
1. Division Terms

Division is the opposite of multiplication. It is the process of sharing or splitting a number into equal parts.

For example:
If there are **8** sweets in a bag to be shared between **4** children, each child will receive **2** sweets.

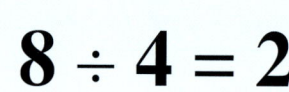

$$8 \div 4 = 2$$

If a number divides exactly it is said to be **divisible**.

Some numbers are not fully divisible.

For example:
If there are **9** sweets in a bag to be shared between **4** children, each child will receive **2** sweets and there will be **1** sweet left over. This is called a **remainder**.

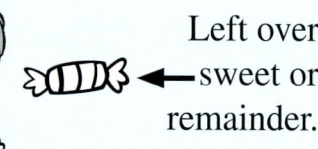

Left over sweet or remainder.

$$9 \div 4 = 2 \text{ rem. } 1$$

The following terminology applies to all division calculations:

$$\text{Divisor} \rightarrow 4 \overset{\text{Quotient} \rightarrow 2 \text{ rem. } 1 \leftarrow \text{Remainder}}{\overline{)9}} \leftarrow \text{Dividend}$$

Division Bracket

- The number being divided into is the **dividend**.
- The dividing number is the **divisor** or **divider**.
- The dividend is placed inside the **division bracket** and the divisor is placed outside.
- The number obtained is the **quotient**.
- The left over is the **remainder**.

Number sentences use mathematical symbols.

÷ is the symbol for 'divide'.

Division is not a commutative calculation. This means it will not give the same answer when written the other way round: **6 ÷ 2 = 3**, but **2** divided by **6** does not equal **3**.

2. Short Division

Division can be shown horizontally or in a linear format.

For example:

T O   O   O
12 ÷ 3 = 4

For calculation purposes it is set out in this format, with a bracket separating the divisor from the dividend.

$$\begin{array}{r} \text{T O} \\ 4 \\ 3\overline{)12} \end{array}$$

There are two main methods for short division:
- Standard Short Division
- Expanded Short Division

a. Standard Short Division

> **Standard Short Division** involves dividing each digit individually, carrying the tens and ones and writing the answers above the line.

(i) Without Remainders

This method is used when dividing by a single digit.

Example: Calculate $620 \div 4$.

Step 1 - Divide the hundreds.

$6 \div 4 = 1$ remainder 2

Write **1** in the answer because $4 \times 1 = 4$

The remainder is **2** because $6 - 4 = 2$

Carry the **2** into the tens column. This now makes **22**.

$$4\overline{)6^{2}20} \quad \text{answer: } 1$$

Step 2 - Divide the tens.

$22 \div 4 = 5$ remainder 2

Write **5** in the answer because $5 \times 4 = 20$

The remainder is **2** because $22 - 20 = 2$

Carry the **2** into the ones column.

$$4\overline{)6^{2}2^{2}0} \quad \text{answer: } 15$$

Step 3 - Divide the ones.

$20 \div 4 = 5$ remainder 0

Write **5** in the answer because $5 \times 4 = 20$

There is nothing left over.

$$4\overline{)6^{2}2^{2}0} \quad \text{answer: } 155$$

Answer: **155**

Exercise 5: 1 Calculate the following:

1) $3\overline{)48}$ 2) $7\overline{)84}$ 3) $5\overline{)575}$

4) $8\overline{)624}$ 5) $9\overline{)342}$ 6) $6\overline{)684}$

7) $434 \div 7$ 8) $2{,}328 \div 4$

9) $1{,}368 \div 6$ 10) $7{,}664 \div 8$

Score

(ii) With Remainders

Example: Calculate $978 \div 7$.

Step 1 - Divide the hundreds.

$9 \div 7 = 1$ remainder 2

Write **1** in the answer because $7 \times 1 = 7$

The remainder is calculated by mental subtraction ($9 - 7 = 2$).

Carry remainder **2** into the tens column.

$$7\overline{)9^{2}78}\ \ \overset{1}{}$$

Step 2 - Divide the tens.

$27 \div 7 = 3$ remainder **6**

Write **3** in the answer because
$7 \times 3 = 21$

The remainder is **6** because
$27 - 21 = 6$

Carry remainder **6** into the ones column.

$$\begin{array}{r} 1\ 3 \\ 7\overline{)9^2 7^6 8} \end{array}$$

Step 3 - Divide the ones.

$68 \div 7 = 9$ remainder **5**

Write **9** in the answer because
$7 \times 9 = 63$

The remainder is **5** because
$68 - 63 = 5$

There are **5** ones left over.

$$7\overline{)9^2 7^6 8}\ \ 1\ 3\ 9\ \text{rem. }5$$

Answer: **139 rem. 5**

Exercise 5: 2   Calculate the following:

1) 4)‾45 rem. ___

2) 7)‾67 rem. ___

3) 8)‾167 rem. ___

4) 6)‾339 rem. ___

5) 9)‾782 rem. ___

6) 8)‾868 rem. ___

7) 977 ÷ 8   ___ rem. ___

8) 3,559 ÷ 3   ___ rem. ___

9) 6,421 ÷ 7   ___ rem. ___

10) 9,831 ÷ 5   ___ rem. ___

Score

(iii) Missing Number Division

Sometimes digits are left out of calculations, but the same method is used.

Example: Fill in the missing digits.

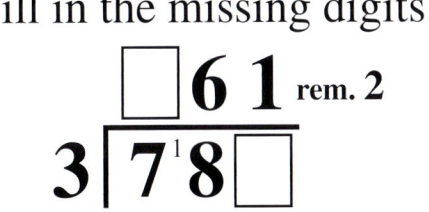

Step 1 - 7 ÷ 3 = 2 remainder 1

The missing digit is **2**.

Step 2 - ? ÷ 3 = 1 remainder 2

The missing digit must be **5**, because 5 ÷ 3 = 1 rem. 2

Answer: **2, 5**

Exercise 5: 3 Fill in the missing numbers:

1) 4) □2, quotient 13

2) □) 68, quotient 9 rem. 5

3) 3) 3□6, quotient 128 rem. □

4) 8) 77□, quotient □7

5) 6) □78, quotient 16□

6) 9) 1□79, quotient 186 rem. □

7) 8) 4□67, quotient 62□ rem. 7

8) 5) □378, quotient 6□5 rem. 3

9) □) 882, quotient 294

10) 9) 37□1, quotient 417 rem. □

Score

b. Partitioning

 **Partitioning** means to break up numbers into smaller parts, making calculations easier.

For example, **92** can be partitioned into **90** and **2** (**9** tens and **2** ones).

Example: Calculate 78 ÷ 4.

Step 1 - Split the first number:
TU
78 = 70 and 8

Step 2 - Divide the tens: 70 ÷ 4 = 17 rem. 2

Step 3 - Divide the ones: 8 ÷ 4 = 2

Step 4 - Add the answers together:

17 rem. 2 + 2 = 19 rem. 2

Answer: **19 rem. 2**

Exercise 5: 4   Calculate the following:

Score

1) 92 ÷ 6

92 = [_90_ & _2_]

_90_ ÷ _6_ = _15_

_2_ ÷ _6_ = _0 rem. 2_

_15_ + _0 rem. 2_ = _____

2) 86 ÷ 3

86 = [_80_ & _6_]

_80_ ÷ _3_ = _26 rem. 2_

_6_ ÷ _3_ = _2_

26 rem. 2 + _2_ = _____

3) 66 ÷ 5

66 = [_60_ & _6_]

_60_ ÷ _5_ = ____

_6_ ÷ _5_ = ____

____ + ____ = ____

4) 39 ÷ 2

39 = [_30_ & _9_]

_30_ ÷ _2_ = ____

_9_ ÷ _2_ = ____

____ + ____ = ____

5) **378 ÷ 5**

378 = [300 & 78]

___ ÷ 5 = _____

___ ÷ 5 = _____

_____ + _____ = _____

6) **846 ÷ 8**

846 = [____ & ____]

___ ÷ 8 = _____

___ ÷ 8 = _____

_____ + _____ = _____

7) **181 ÷ 2**

181 = [____ & ____]

___ ÷ ___ = _____

___ ÷ ___ = _____

_____ + _____ = _____

8) **254 ÷ 4**

254 = [____ & ____]

___ ÷ ___ = _____

___ ÷ ___ = _____

_____ + _____ = _____

9) **162 ÷ 4**

162 = [____ & ____]

___ ÷ ___ = _____

___ ÷ ___ = _____

_____ + _____ = _____

10) **759 ÷ 7**

759 = [____ & ____]

___ ÷ ___ = _____

___ ÷ ___ = _____

_____ + _____ = _____

c. Expanded Short Division

Expanded Short Division involves repeated subtraction of the divisor from the dividend.

The divisor can be grouped into larger chunks and repeatedly subtracted to find the answer and any remainders.

It is sometimes informally called 'chunking'.

Example: Calculate $167 \div 6$.

The calculation is set out in the same way as standard short division.

Step 1 - Group the divisor into the largest simple chunk; **20** groups of **6**.

$6 \times 20 = 120$

Subtract from **167**.

$167 - 120 = 47$

```
       rem.
6 ) 1 6 7
    1 2 0    6 × 20
    -----
      4 7
```

Step 2 - The next largest amount that can be subtracted is **7** groups of **6**.

$6 \times 7 = 42$

Then subtract from **47**.

$47 - 42 = 5$

This is the remainder.

```
            rem. 5
6 ) 1 6 7
    1 2 0    6 × 20
    -----
      4 7
      4 2    6 × 7
      ---
        5
```

Step 3 - Add up the number of **6s** that have been subtracted to find the answer.

$20 + 7 = 27$

The last subtraction gave the remainder of **5**.

```
       2 7   rem. 5
6 ) 1 6 7
    1 2 0    6 × [20]
    -----
      4 7
      4 2    6 × [7] +
      ---
        5    [27]
```

Answer: **27 rem. 5**

Exercise 5: 5 Calculate the following:

Score

1)
```
    _____
  9 | 2 7 9
    2 7 0      (9 × 30)
    -----
        9
        9      (9 × 1) +
    -----
        0
```

2)
```
    _____
  6 | 5 1 6
    4 8 0      (6 × 80)
    -----
      3 6
      3 6      (6 × 6) +
    -----
```

3)
```
    _____
  3 | 3 8 4
   _____       (3 × 100)
   -------
   _____       (3 × 20)
   -------
   _____       (3 × 8) +
   -------
```

4)
```
    _____
  4 | 9 7 6
   _____       (   ×   )
   -------
   _____       (   ×   )
   -------
   _____       (   ×   ) +
   -------
```

5)   rem.
```
    _____
  8 | 7 8 6
    7 2 0      (8 × 90)
    -----
      6 6
      6 4      (8 × 8) +
    -----
        2
```

6)   rem.
```
    _____
  2 | 8 6 3
   _____       (   ×   )
   -------
   _____       (   ×   )
   -------
   _____       (   ×   ) +
   -------
```

7) $4\overline{)126}$ rem.

___ (×)
- - - - - - - -
___ (×)+

8) $7\overline{)432}$ rem.

___ (×)
- - - - - - - -
___ (×)+

9) $5\overline{)642}$ rem.

___ (×)
- - - - - - - -
___ (×)
- - - - - - - -
___ (×)+

10) $3\overline{)979}$ rem.

___ (×)
- - - - - - - -
___ (×)
- - - - - - - -
___ (×)+

3. Dividing by Tens

Dividing by multiples of **10** is very easy to do.

To divide by **10**, remove one **zero (0)** from the end.

20 ÷ 10 = 2

T	O
2	0

÷ 10 →

O
2

To divide by **100**, remove two **zeros (00)** from the end.

200 ÷ 100 = 2

H	T	O
2	0	0

÷ 100 →

O
2

To divide by **1,000**, remove three **zeros (000)** from the end.

2,000 ÷ 1,000 = 2

Th	H	T	O
2	0	0	0

÷ 1,000 →

O
2

Example: Calculate 6,000 ÷ 100.

Count the number of **zeros** on the divisor and remove the same number of **zeros** from the dividend.
6,000 with two **zeros** removed will become **6,0̶0̶0**.

$$6{,}000 \div 100 = 60$$

This means there are **60** groups of **100** in **6,000**.

Answer: **60**

Exercise 5: 6 Calculate the following: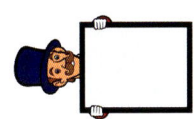
Score

1) **380 ÷ 10** = _____   2) **410 ÷ 10** = _____

3) **570 ÷ 10** = _____   4) **1,700 ÷ 100** = _____

5) **76,800 ÷ 100** = _____   6) **2,900 ÷ 100** = _____

7) **81,000 ÷ 1,000** = _____   8) **62,000 ÷ 1,000** = _____

9) **29,000 ÷ 1,000** = _____   10) **78,000 ÷ 1,000** = _____

4. Long Division

Long Division is used when the divisor is two digits or more. For example:

Dividend   Divisor   Quotient

$$612 \div \boxed{18} = 34$$

There are two main methods for long division:
- Expanded Long Division
- Standard Long Division

a. Expanded Long Division

Expanded Long Division can be used for long division calculations. It involves repeated subtraction of the divisor from the dividend.

Example: Calculate 3,876 ÷ 29.

The calculation is set out in the same way as short division.

Step 1 - Group the divisor into a chunk of hundreds; **100** groups of **29**.

29 × 100 = 2,900

Subtract from the dividend.

3,876 − 2,900 = 976

```
29 ) 3 8 7 6
     2 9 0 0    29 × 100
     ───────
       9 7 6
```

Step 2 - The next largest amount that can be subtracted is **30** groups of **29**.

29 × 30 = 870

Then subtract.

976 − 870 = 106

```
29 ) 3 8 7 6
     2 9 0 0    29 × 100
     ───────
       9 7 6
       8 7 0    29 × 30
     ───────
       1 0 6
```

Step 3 - 'Chunk' the final amount.

$29 \times 3 = 87$

Then subtract.

$106 - 87 = 19$

This is the remainder.

```
      _____
  29 | 3876
       2900    29 × 100
       ----
        976
        870    29 × 30
        ---
        106
         87    29 × 3
         --
         19
```

Step 4 - Add up the number of **29s** that have been subtracted to find the answer.

$100 + 30 + 3 = 133$

The last subtraction gave the remainder of **19**.

```
       133 rem. 19
      _____
  29 | 3876
       2900    29 × 100
       ----
        976
        870    29 ×  30
        ---
        106
         87    29 ×   3  +
         --    ---------
         19        133
```

Answer: **133 rem. 19**

Exercise 5: 7   Calculate the following:

Score

1)
```
       rem.
16 | 851
     800   (16 × 50)
     ---
      51
      48   (16 × 3) +
     ---
```

2)
```
       rem.
32 | 995
     960   (32 × 30)
     ---
      35
      32   (32 × 1) +
     ---
```

3)
```
       rem.
71 | 999
     ___   (71 × 10)

     ___   (71 × 4) +
```

4)
```
       rem.
47 | 989
     ___   (47 × 20)

     ___   (47 × 1) +
```

5)
```
       rem.
83 | 998
     ___   (  ×   )

     ___   (  ×   ) +
```

6)
```
       rem.
42 | 975
     ___   (  ×   )

     ___   (  ×   ) +
```

50   © 2016 Stephen Curran

7) 59) 6 8 9 5   rem.

_____ (×)

_____ (×)

_____ (×) +
_____

8) 22) 4 2 4 3   rem.

_____ (×)

_____ (×)

_____ (×) +
_____

9) 27) 5 6 9 2   rem.

_____ (×)

_____ (×)

_____ (×) +
_____

10) 22) 7 6 6 2   rem.

_____ (×)

_____ (×)

_____ (×) +
_____

b. Standard Long Division

There are two ways in which **Standard Long Division** differs from standard short division.

In standard long division:

- the divisor has two digits or more.
- the subtraction is done as a pen and paper calculation instead of doing a mental subtraction. This is because the amounts are usually larger.

(i) Without Remainders

Example: Calculate **4,692 ÷ 17**.

Step 1 - Divide the thousands.
 4 ÷ 17 cannot be divided, so write **0** in the answer and move to the hundreds.

```
      0
17 )4692
```

Step 2 - **17** divides into **46** twice.
 Write **2** in the answer because
 17 × 2 = 34
 Write **34** under **46**.

 Subtract **46 − 34 = 12**

 Bring down the **9**.

```
      0 2
17 )4 6 9 2
     3 4 ↓
     1 2 9
```

Step 3 - **17** divides into **129** seven times.

 This is found by guess and test multiplication.
 (Note: guess and test is never above 9×)

```
  17       17       17
   6×       7×       8×
 ---      ---      ---
 102      119      136
```

Write **7** in the answer because
17 × 7 = 119
Write **119** under **129**.

Subtract **129 − 119 = 10**

Bring down the **2**.

```
       0 2 7
17 )4 6 9 2
     3 4 ↓
     1 2 9
       1 1 9 ↓
           1 0 2
```

Step 4 - **17** divides into **102** six times.

```
 17       17       17
  5 ×      6 ×      7 ×
 ───      ───      ───
 85       102      119
```

Write **6** in the answer because
$17 \times 6 = 102$

There are no remainders.

Answer: **276**

```
        0 2 7 6
   17 ) 4 6 9 2
        3 4 ↓
        ─────
        1 2 9
        1 1 9
        ─────
          1 0 2
          1 0 2
          ─────
              0
```

Exercise 5: 8   Calculate the following:

Score

1)
```
   26 ) 8 0 8 6
        7 8 ↓
        ─────
          2 8
          2 6 ↓
          ───
            2 6
            2 6
            ───
              0
```

2)
```
   49 ) 7 8 8 9
        4 9 ↓
        ─────
        2 9 8
        2 9 4 ↓
        ─────
            4 9
            4 9
            ───
              0
```

3)
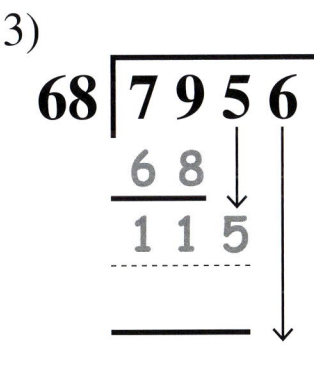

4)
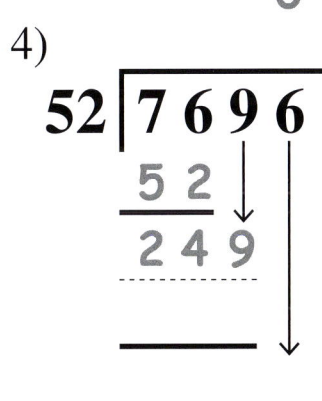

5)

$$35 \overline{)2345}$$

    0 0
    2 3 4

6)

$$22 \overline{)1650}$$

    0 0
    1 6 5

7)

$$16 \overline{)3328}$$

8)

$$91 \overline{)9646}$$

9)

$$76 \overline{)8436}$$

10)

$$81 \overline{)9801}$$

(ii) With remainders

Example: Calculate **7,568 ÷ 32**.

Step 1 - Divide the thousands.

32 divides into **75** twice.

```
 32            32
  2 ×           3 ×
 ───           ───
 64            96
```

```
        2
    ┌──────
32  │7 5 6 8
     6 4 ↓
     ─────
     1 1 6
```

Write **2** in the answer because
32 × 2 = 64
Write **64** under **75**.

Subtract: **75 − 64 = 11**

Bring down the **6**.

Step 2 - **32** divides into **116** three times.

```
 32       32       32
  2 ×      3 ×      4 ×
 ───      ───      ───
 64       96       128
```

```
        2 3
    ┌──────
32  │7 5 6 8
     6 4 ↓
     ─────
     1 1 6
       9 6 ↓
       ─────
       2 0 8
```

Write **3** in the answer because
32 × 3 = 96
Write **96** under **116**.

Subtract: **116 − 96 = 20**

Bring down the **8**.

Step 3 - **32** divides into **208** six times.

$$\begin{array}{r} 32 \\ 5\times \\ \hline 160 \end{array} \quad \boxed{\begin{array}{r} 32 \\ 6\times \\ \hline 192 \end{array}} \quad \begin{array}{r} 32 \\ 7\times \\ \hline 224 \end{array}$$

Write **6** in the answer because
32 × 6 = 192

Write **192** under **208**.

Subtract: **208 − 192 = 16**

There is a remainder of **16**.

Answer: **236 rem. 16**

```
        2 3 6
32 ) 7 5 6 8
     6 4 ↓
     1 1 6
       9 6 ↓
       2 0 8
       1 9 2
           1 6
```

Exercise 5: 9 Calculate the following:

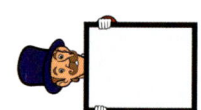

1)
```
           rem.
49 ) 6 8 7 6
     4 9 ↓
     1 9 7
     1 9 6 ↓
         1 6
```

2)
```
           rem.
37 ) 7 5 9 6
     7 4 ↓ ↓
     1 9 6
     1 8 5
         1 1
```

3)
```
           rem.
48 ) 5 3 4 6
     4 8 ↓
        5 4
```

4)
```
           rem.
73 ) 8 4 6 9
     7 3 ↓
     1 1 6
```

5) 59) 9536 rem.

6) 81) 9362 rem.

7) 21) 1284 rem.

8) 66) 8721 rem.

9) 19) 8735 rem.

10) 93) 9639 rem.

5. Division in Words

There are many different terms for division. Here is a list of the most commonly used terms:
- Share
- Divide
- Find the quotient
- Partition
- Separate or split into equal groups
- Halve (divide by **2**)
- Find a third (divide by **3**)
- Quarter (divide by **4**)

Example: Find the quotient of **35** if the divisor is **7**.

Convert the words into a number sentence. 'Find the quotient' is the same thing as using the ÷ sign between the numbers. The number sentence is **35 ÷ 7 = 5**.

Answer: **5**

Exercise 5: 10   Answer the following:

Score

1) Share **ninety-six** by **eight**. _____

2) Divide **three thousand, eight hundred and sixty-four** by **twenty-four**. _____

3) Find the quotient of **five hundred and eighty-one** if the divisor is **seven**. _____

4) Share **nine hundred and thirty-two** by **four**. _____

5) Partition **four thousand, one hundred and sixteen** by **six**. _____

6) Separate **six thousand, eight hundred and eight** into equal groups of **twenty-three**. _____

7) Find the quotient of **five thousand, two hundred and eighty-nine** if the divisor is **forty-one**. _____

8) Split **six thousand, nine hundred and two** into equal groups of **fifty-eight**. _____
9) Divide **nine thousand, five hundred and eighty-six** by **eighty-seven**. _____
10) Partition **eight thousand, nine hundred and sixty-one** by **sixty-two**. _____

6. Inverse Operations

It is useful to understand the relationship between multiplication and division. **Inverse means Opposite.**

× and ÷ are a pair of inverse operations.
The inverse of multiplication is division.

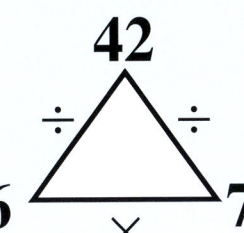

$6 \times 7 = 42$
$42 \div 6 = 7$
$42 \div 7 = 6$

For every multiplication calculation there are two division calculations that relate to it as inverse operations. This can be represented using a triangle.

Example: Show the three calculations that link **65**, **17** and **1,105**.

There are one multiplication and two division calculations that demonstrate how these numbers relate to each other.

Multiplication	1st Division	2nd Division
65 × 17	1,105 ÷ 17	1,105 ÷ 65

```
    6 5
    1 7 ×
    -----
    4 5 5
    6 5 0
    -----
    1 1 0 5
```

```
       6 5
    17)1 1 0 5
```

```
       1 7
    65)1 1 0 5
```

Answer: 65 × 17 = 1,105
1,105 ÷ 17 = 65
1,105 ÷ 65 = 17

Exercise 5: 11 Calculate the following:

1-2)
$$94\overline{)752}\boxed{8}$$
$$\begin{array}{r}94\\ \times8\\ \hline \boxed{}\end{array}$$
$$8\overline{)752}\boxed{}$$

3-4)
$$356\overline{)3204}\boxed{9}$$
$$\begin{array}{r}\boxed{}\\ \times9\\ \hline 3204\end{array}$$
$$9\overline{)\boxed{}}356$$

5-7)
$$\begin{array}{r}76\\ \times 22\\ \hline 152\\ 1520\\ \hline \boxed{}\end{array}$$
$$\boxed{}\overline{)1672}76$$
$$\boxed{}\overline{)1672}22$$

8-10)
$$\begin{array}{r}94\\ \times\boxed{}\\ \hline 188\\ 2820\\ \hline 3008\end{array}$$
$$32\overline{)3008}\boxed{}$$
$$94\overline{)\boxed{}}32$$

7. Problem Solving

Example: Tina is collecting berries. She collects **168** strawberries, **234** blackberries, **142** blueberries and **310** cranberries. If **122** berries fit in a box, how many boxes does she fill?

Step 1 - Add to find the total number of berries. Convert the problem into a number sentence:

168 + 234 + 142 + 310 = 854

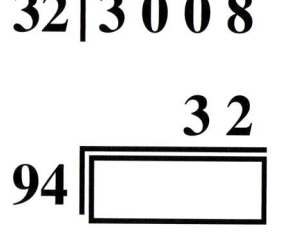

Step 2 - Divide to find the number of boxes.
The number sentence is:

854 ÷ 122 = 7

$$122\overline{)854}^{7}$$

Answer: **7 boxes**

Exercise 5: 12   Answer the following:

Score

1)   Jackie has a total of **364** pens in equal quantities. She gives **one** blue pen, **one** red pen, **one** green pen and **one** black pen to each person.

   How many people can she give pens to? _____

2) Horain has a total of **1,776** trading cards. She has **8** duplicate cards in her collection. There are **13** cards in each series.

   How many complete series does she have? _____

3) Wyatt need to learn **1,368** spellings. If each spelling test is made of **twelve** spellings, how many tests does he have? _____

4) Paige has **twenty-eight** non-fiction books and **thirty-nine** fiction books. If she can fit **sixteen** books on a shelf, how many shelves does she need? _____

5) A shop has **six** crates of **forty-eight** tins delivered. **One** shelf can store **twenty-four** tins.

How many shelves are needed to store all of the tins? _____

6) A student needs to complete **three** books of **fifty-six** pages for homework. If they have **seven** days to complete the homework, how many pages must be completed per day? _____

7) There is a cake sale at school. **Four hundred and seventy-eight** cakes are sold and **eight** are left over. The cakes came in boxes of **eighteen**.

How many boxes were there? _____

8) Over **seven** days, Hannah walks **42,168** steps.

How many steps does she walk per day? _____

9) Anisha, Saira and James have **sixteen** cards each. Jeff joins the game, so they share out the cards again.

How many cards do they each have now? _____

10) There are **108** adults in a queue for a ride at a theme park. If there are **2 times** the amount of adults as there are children, how many people are there in total? _____

8. Mixed Exercises
a. Number Sentences

Exercise 5: 13   Calculate the following:

1) $31,200 \div 10 = $ _____
2) $7,800 \div 100 = $ _____
3) $36,900 \div 100 = $ _____
4) $67,000 \div 1,000 = $ _____

5-7)

```
        6 6
      □ ×
      ─────
      5 2 8
      ─ ─ ─
      6 6 0
      ─────
      1 1 8 8
```

```
         □
    18 ⟌ 1 1 8 8
          1 8
       66 □
```

8) In a library there are **1,083** books. Each shelf holds **nineteen** books. How many shelves are in the library? _____

9) Tim has **108** questions to answer for his homework. If there are **9** exercises in total, how many questions are in each exercise? _____

10) Yu collects trading cards, if there are **6** cards in a pack and he has **726** cards in total, how many packs has he bought? _____

b. Short Division Without Remainders

Exercise 5: 14   Calculate the following:

1) $6 \overline{)3\,6}$ 2) $5 \overline{)6\,7\,5}$ 3) $3 \overline{)3\,6\,9}$

4)
```
4 | 6 3 2
```
____ (4 × 100)

____ (4 × 50)

____ (4 × 8) +

5)
```
8 | 9 7 6
```
____ (×)

____ (×)

____ (×) +

6) 8 | 1 2 5 6 7) 8 | 4 1 4 4 8) 9 | 7 2 6 3

9)
```
    1 2 8
7 | 8 9 ☐
```

10) Partition **732** by **six**. ____

Score

c. Long Division Without Remainders

Exercise 5: 15 Calculate the following:

Score

1)
```
17 | 3 9 1
     3 4 0   (17 × 20)
     ─────
       5 1
       5 1   (17 × 3) +
     ─────
```

2)
```
26 | 7 2 8
```
____ (×)

____ (×) +

64

3)
$$24\overline{)6072}$$
  48 ↓

  127

4)
$$37\overline{)7881}$$
  74 ↓

  48

5)
$$51\overline{)5202}$$

6)
$$19\overline{)9861}$$

7)
$$72\overline{)8640}$$

8)
$$57\overline{)6213}$$

9) Find the quotient of **78** if the divisor is **13**. _____

10) Separate **three thousand, seven hundred and thirty-five** into equal groups of **forty-five**. _____

d. Division With Remainders

Exercise 5: 16   Calculate the following:

1) $3\overline{)415}$ rem. _____

2) $6\overline{)897}$ rem. _____

3) 7)̄842 rem. ___
   ____ (7 × 100)

   ____ (7 × 20)

   ____ ____ (7 × 0)+

4) 6)̄776 rem. ___
   ____ (×)

   ____ (×)

   ____ ____ (×)+

5) 5)̄3☐ = 7 rem. 4

6) 7)̄9☐6 = 133 rem. ☐

7) 49)̄1318 rem. ___
   _____ (49 × 20)

   _____ (49 × 6)+
   _____

8) 73)̄4256 rem. ___
   _____ (×)

   _____ (×)+
   _____

9) 34)̄4263 rem. ___
      3 4↓
      8 6

   ____

   ____

10) 46)̄9374 rem. ___
    ____

    ____

    ____

Score

Answers

Key Stage 2 Maths
Year 4/5 Workbook 2

Chapter Four
Multiplication

Exercise 4: 1
1) 42   2) 132
3) 63   4) 40
5) 0   6) 56
7) 36   8) 10
9) 49   10) 72

Exercise 4: 2
1) 12   2) 81
3) 11   4) 8
5) 7   6) 100
7) 7   8) 24
9) 0   10) 12

Exercise 4: 3

×	2	3	4	5	6	7	8	9	10	11	12
2	4	6	8	10	12	14	16	18	20	22	24
1) 3	6	9	12	15	18	21	24	27	30	33	36
2) 4	8	12	16	20	24	28	32	36	40	44	48
3) 5	10	15	20	25	30	35	40	45	50	55	60
4) 6	12	18	24	30	36	42	48	54	60	66	72
5) 7	14	21	28	35	42	49	56	63	70	77	84
6) 8	16	24	32	40	48	56	64	72	80	88	96
7) 9	18	27	36	45	54	63	72	81	90	99	108
8) 10	20	30	40	50	60	70	80	90	100	110	120
9) 11	22	33	44	55	66	77	88	99	110	121	132
10) 12	24	36	48	60	72	84	96	108	120	132	144

Exercise 4: 4

×	5	2	11	4	9	12	8	3	10	7	6
2	10	4	22	8	18	24	16	6	20	14	12
1) 5	25	10	55	20	45	60	40	15	50	35	30
2) 10	50	20	110	40	90	120	80	30	100	70	60
3) 6	30	12	66	24	54	72	48	18	60	42	36
4) 8	40	16	88	32	72	96	64	24	80	56	48
5) 3	15	6	33	12	27	36	24	9	30	21	18
6) 11	55	22	121	44	99	132	88	33	110	77	66
7) 9	45	18	99	36	81	108	72	27	90	63	54
8) 7	35	14	77	28	63	84	56	21	70	49	42
9) 4	20	8	44	16	36	48	32	12	40	28	24
10) 12	60	24	132	48	108	144	96	36	120	84	72

Exercise 4: 5
1) 360
2) 980
3) 1,600
4) 7,700
5) 8,200
6) 38,700
7) 47,000
8) 52,000
9) 669,000
10) 1,000,000

Exercise 4: 6
1) 3,012
2) 6,748
3) 2,313
4) 2,970
5) 1,178
6) 4,225
7) 1,386
8) 2,367
9) 2,912
10) 3,978

Exercise 4: 7
1) 108
2) 126
3) 264
4) 147
5) 136
6) 594
7) 504
8) 576
9) 98
10) 747

Exercise 4: 8
1) 2,268
2) 526
3) 3,904
4) 1,799
5) 1,287
6) 2,184
7) 4,672
8) 4,435
9) 4,170
10) 910

Exercise 4: 9
1) 3,174
2) 27,084
3) 16,646
4) 63,512
5) 48,085
6) 9,786
7) 31,236
8) 25,613
9) 78,903
10) 20,072

Exercise 4: 10
1) 4
2) 6
3) 2
4) 1
5) 5
6) 6
7) 2
8) 3
9) 4
10) 6

Exercise 4: 11a
1) 16 = [10 & 6]
   $10 \times 97 = 970$
   $6 \times 97 = 582$
   $970 + 582 = 1,552$
2) 14 = [10 & 4]
   $10 \times 29 = 290$
   $4 \times 29 = 116$
   $290 + 116 = 406$

Key Stage 2 Maths
Year 4/5 Workbook 2

Answers

3) 15 = [10 & 5]
   10 × 32 = 320
   5 × 32 = 160
   320 + 160 = 480
4) 18 = [10 & 8]
   10 × 13 = 130
   8 × 13 = 104
   130 + 104 = 234
5) 13 = [10 & 3]
   10 × 42 = 420
   3 × 42 = 126
   420 + 126 = 546
6) 19 = [10 & 9]
   10 × 55 = 550
   9 × 55 = 495
   550 + 495 = 1,045

Exercise 4: 11b
7) 25 = [20 & 5]
   20 × 31 = 620
   5 × 31 = 155
   620 + 155 = 775
8) 28 = [20 & 8]
   20 × 22 = 440
   8 × 22 = 176
   440 + 176 = 616
9) 33 = [30 & 3]
   30 × 29 = 870
   3 × 29 = 87
   870 + 87 = 957
10) 41 = [40 & 1]
    40 × 17 = 680
    1 × 17 = 17
    680 + 17 = 697

Exercise 4: 12
1) 4,134
2) 4,539
3) 41,976
4) 67,248
5) 400
6) 14,991
7) 6,256
8) 16,828
9) 2,451
10) 25,674

Exercise 4: 13
1) 5,320
2) 1,302
3) 2,349
4) 3,404
5) 980
6) 1,368
7) 1,764
8) 6,417
9) 5,848
10) 1,534

Exercise 4: 14
1) 77,406
2) 13,986
3) 35,784
4) 62,109
5) 7,844
6) 53,754
7) 15,282
8) 17,197
9) 276,045
10) 150,758

Exercise 4: 15
1) 27,144
2) 23,596
3) 14,161
4) 12,626
5) 6,958
6) 9,984
7) 33,222
8) 7,252
9) 139,776
10) 337,657

Exercise 4: 16
1) 59,072
2) 1,707
3) 1,026
4) 14,976
5) 8,010
6) 1,008
7) 1,022
8) 3,458
9) 12,642
10) 23,840

Exercise 4: 17
1) 1,544
2) 1,390
3) 336
4) 1,512
5) 64
6) 218
7) 242
8) 1,568
9) 872
10) 38,875

Exercise 4: 18
1) 144
2) 121

×	3	7	9	11	12
3) **6**	18	42	54	66	72
4) **8**	24	56	72	88	96

5) 590
6) 7,800
7) 208
8) 183
9) 206
10) 5,680

Answers

Key Stage 2 Maths
Year 4/5 Workbook 2

Exercise 4: 19
1) 1,460
2) 1,533
3) 6,432
4) 222
5) 2,529
6) 28,434
7) 4
8) 8
9) 22,212
10) 24,095

Exercise 4: 20
1) 690
2) 663
3) 392
4) 13,325
5) 3,766
6) 40,926
7) 1,044
8) 4,896
9) 7,344
10) 36,576

Exercise 4: 21
1) 3,666
2) 11,868
3) 23,635
4) 27,812
5) 17,157
6) 21,114
7) 89,950
8) 77,064
9) 336
10) 5,104

Chapter Five
Division
Exercise 5: 1
1) 16
2) 12
3) 115
4) 78
5) 38
6) 114
7) 62
8) 582
9) 228
10) 958

Exercise 5: 2
1) 11 rem. 1
2) 9 rem. 4
3) 20 rem. 7
4) 56 rem. 3
5) 86 rem. 8
6) 108 rem. 4
7) 122 rem. 1
8) 1,186 rem. 1
9) 917 rem. 2
10) 1,966 rem. 1

Exercise 5: 3
1) 5
2) 7
3) 8; 2
4) 9; 6
5) 9; 3
6) 6; 5
7) 9; 0
8) 3; 7
9) 3
10) 6; 8

Exercise 5: 4
1) 92 = [90 & 2]
   90 ÷ 6 = 15
   2 ÷ 6 = 0 rem. 2
   15 + 0 rem. 2 = 15 rem. 2
2) 86 = [80 & 6]
   80 ÷ 3 = 26 rem. 2
   6 ÷ 3 = 2
   26 rem. 2 + 2 = 28 rem. 2
3) 66 = [60 & 6]
   60 ÷ 5 = 12
   6 ÷ 5 = 1 rem. 1
   12 + 1 rem. 1 = 13 rem. 1
4) 39 = [30 & 9]
   30 ÷ 2 = 15
   9 ÷ 2 = 4 rem. 1
   15 + 4 rem. 1 = 19 rem. 1
5) 378 = [300 & 78]
   300 ÷ 5 = 60
   78 ÷ 5 = 15 rem. 3
   60 + 15 rem. 3 = 75 rem. 3
6) 846 = [800 & 46]
   800 ÷ 8 = 100
   46 ÷ 8 = 5 rem. 6
   100 + 5 rem. 6 = 105 rem. 6
7) 181 = [100 & 81]
   100 ÷ 2 = 50
   81 ÷ 2 = 40 rem. 1
   50 + 40 rem. 1 = 90 rem. 1
8) 254 = [200 & 54]
   200 ÷ 4 = 50
   54 ÷ 4 = 13 rem. 2
   50 + 13 rem. 2 = 63 rem. 2
9) 162 = [100 & 62]
   100 ÷ 4 = 25
   62 ÷ 4 = 15 rem. 2
   25 + 15 rem. 2 = 40 rem. 2
10) 759 = [700 & 59]
    700 ÷ 7 = 100
    59 ÷ 7 = 8 rem. 3
    100 + 8 rem. 3 = 108 rem. 3

© 2016 Stephen Curran

Key Stage 2 Maths
Year 4/5 Workbook 2

Answers

Exercise 5: 5
1) 31
2) 86
3) 128
4) 244
5) 98 rem. 2
6) 431 rem. 1
7) 31 rem. 2
8) 61 rem. 5
9) 128 rem. 2
10) 326 rem. 1

Exercise 5: 6
1) 38   2) 41
3) 57   4) 17
5) 768   6) 29
7) 81   8) 62
9) 29   10) 78

Exercise 5: 7
1) 53 rem. 3
2) 31 rem. 3
3) 14 rem. 5
4) 21 rem. 2
5) 12 rem. 2
6) 23 rem. 9
7) 116 rem. 51
8) 192 rem. 19
9) 210 rem. 22
10) 348 rem. 6

Exercise 5: 8
1) 311   2) 161
3) 117   4) 148
5) 67   6) 75
7) 208   8) 106
9) 111   10) 121

Exercise 5: 9
1) 140 rem. 16
2) 205 rem. 11
3) 111 rem. 18
4) 116 rem. 1
5) 161 rem. 37
6) 115 rem. 47
7) 61 rem. 3
8) 132 rem. 9
9) 459 rem. 14
10) 103 rem. 60

Exercise 5: 10
1) 12
2) 161
3) 83
4) 233
5) 686
6) 296
7) 129
8) 119
9) 110 rem. 16
10) 144 rem. 33

Exercise 5: 11
1) 752   2) 94
3) 356   4) 3,204
5) 1,672 6) 22
7) 76   8) 32
9) 94   10) 3,008

Exercise 5: 12
1) 91   2) 136
3) 114   4) 5
5) 12   6) 24
7) 27   8) 6,024
9) 12   10) 162

Exercise 5: 13
1) 3,120
2) 78
3) 369
4) 67
5) 18
6) 66
7) 1,188
8) 57
9) 12
10) 121

Exercise 5: 14
1) 6
2) 135
3) 123
4) 158
5) 122
6) 157
7) 518
8) 807
9) 6
10) 122

Exercise 5: 15
1) 23
2) 28
3) 253
4) 213
5) 102
6) 519
7) 120
8) 109
9) 6
10) 83

Exercise 5: 16
1) 138 rem. 1
2) 149 rem. 3
3) 120 rem. 2
4) 129 rem. 2
5) 9
6) 3; 5
7) 26 rem. 44
8) 58 rem. 22
9) 125 rem. 13
10) 203 rem. 36

PROGRESS CHARTS

Shade in your score for each exercise on the graph. Add up for your total score.

4. MULTIPLICATION

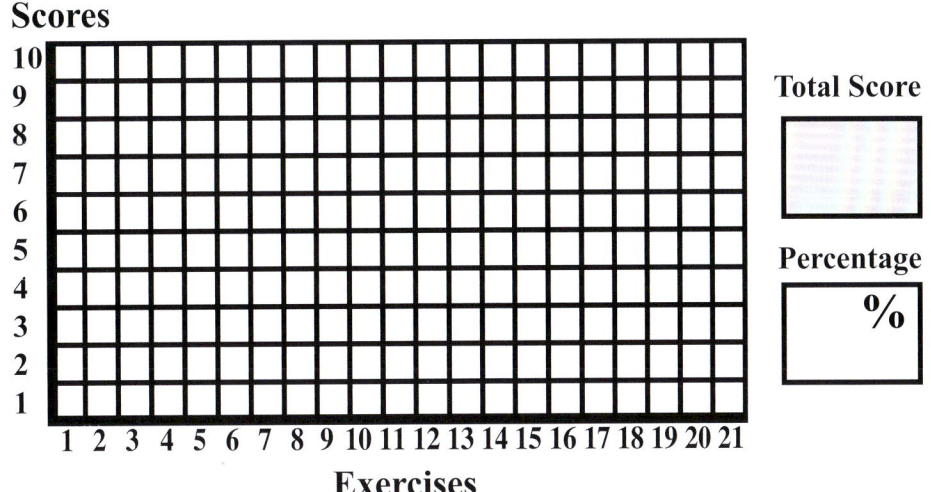

5. DIVISION

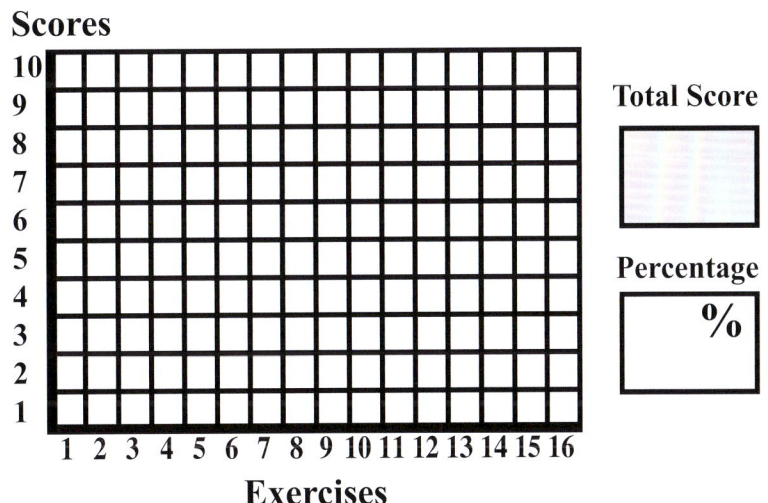

Overall Percentage [%]

CERTIFICATE OF
ACHIEVEMENT

This certifies

_____

has successfully completed

Key Stage 2 Maths
Year 4/5
WORKBOOK 2

Overall percentage score achieved ☐ %

Comment _____
_____

Signed _____
(teacher/parent/guardian)

Date _____